BEI GRIN MACHT SICH II
WISSEN BEZAHLT

- Wir veröffentlichen Ihre Hausarbeit,
  Bachelor- und Masterarbeit

- Ihr eigenes eBook und Buch -
  weltweit in allen wichtigen Shops

- Verdienen Sie an jedem Verkauf

Jetzt bei www.GRIN.com hochladen
und kostenlos publizieren

Bibliografische Information der Deutschen Nationalbibliothek:

Die Deutsche Bibliothek verzeichnet diese Publikation in der Deutschen National-
bibliografie; detaillierte bibliografische Daten sind im Internet über http://dnb.d-
nb.de/ abrufbar.

Impressum:

Copyright © 2016 GRIN Verlag, Open Publishing GmbH
Druck und Bindung: Books on Demand GmbH, Norderstedt Germany
ISBN: 9783668549753

Dieses Buch bei GRIN:

http://www.grin.com/de/e-book/374933/musik-und-videos-aesthetische-entwicklung-
des-musikvideos

Stephan Lipphardt

Musik und Videos. Ästhetische Entwicklung des Musikvideos

GRIN Verlag

GRIN - Your knowledge has value

Der GRIN Verlag publiziert seit 1998 wissenschaftliche Arbeiten von Studenten, Hochschullehrern und anderen Akademikern als eBook und gedrucktes Buch. Die Verlagswebsite www.grin.com ist die ideale Plattform zur Veröffentlichung von Hausarbeiten, Abschlussarbeiten, wissenschaftlichen Aufsätzen, Dissertationen und Fachbüchern.

Besuchen Sie uns im Internet:

http://www.grin.com/

http://www.facebook.com/grincom

http://www.twitter.com/grin_com

Hochschule Niederrhein

Standort: Mönchengladbach

Fachbereich: Sozialwesen/Kulturpädagogik

Seminar: BAKP M 7: Indoor Projekt: „MusikVideo - VideoMusik"

Titel: Musik und Videos – Ästhetische Entwicklung des Musikvideos

Stephan Lipphardt

Abgabedatum: 02.04.2016

Inhaltsverzeichnis

Einleitung

In dieser Hausarbeit werde ich die Geschichte und die Entwicklung des Musikvideos beleuchten. Von den frühen Anfängen über den „Boom" des Musikvideos bis hin zur Position des Musikvideos im Internetzeitalter. Ich werde Innovationen von Musikvideoproduktionen beschreiben und stilistische Mittel analysieren. Des weiteren werde ich auf ausgewählte Musikvideos anhand von Beispielen eingehen und ihre Merkmale auf Ästhetik uns Synästhesie überprüfen.

Bezogen auf diese Grundlagen werde ich anschließend, das im Rahmen des Indoorprojektes 2015 an der Hochschule Niederrhein selbstproduzierte Musikvideo -"Nachteulen" erörtern. Dabei werde ich mich kritisch mit der Planungsphase und der Phase der Durchführung auseinandersetzen und anhand der Projektmethode aufschlüsseln.

Ich selbst wurde Mitte der 1980er Jahre geboren und habe den „Musikvideoboom" in den 90er Jahren des vergangenen Jahrhunderts live erleben dürfen. Immer schon hatte ich einen starke Bezug zu Musik und Videos. Auch aus diesem Grund freue ich mich sehr darüber, im Rahmen des Studiums der Kulturpädagogik an der Hochschule Niederrhein ein eigenes Musikvideo habe drehen zu dürfen.

In diesem Sinne wünsche ich viel Spaß mit dieser Hausarbeit zum Thema: Musikvideos!

1

1 Die Geschichte des Musikclips

Wenn man sich mit der noch recht jungen Geschichte des Musikvideos bzw. der Verschmelzung von Musik und bewegten Bildern beschäftigt, so stößt man in der Literatur auf viele verschiedene Meinungen und zahlreiche Arbeiten über dieses Thema. Oft werden sogenannte Sound Slides als eine erste Fusion zwischen einer musikalischen Darbietung und einer auf die Musik abgestimmten visuellen Untermalung genannt. Dabei handelt es sich um von Hand kolorierte Glasplatten, die mithilfe von Scheinwerfern auf eine Leinwand projiziert wurden. Datiert wird der Einsatz dieser Sound Slides auf das Ende des 19. Jahrhunderts.

Zwischen 1900 und 1930 gab es einige bemerkenswerte Erfindungen, die sich der Synchronisation von Bild- und Audiomaterial widmeten. Die Ergebnisse waren jedoch meist nicht zufriedenstellend. Erst in den 1930er Jahren gelang es dem Trickfilmproduzenten George Pals, kurze Filme mit Musikalischer Untermalung zu produzieren, die als erste Musikclips bezeichnet werden können.

In den 1940er Jahren wurden in den USA sogenannte Soundies entwickelt. Dies waren waren kurze Filme, die mit Musik unterlegt waren. Mit Hilfe von sehr schweren Maschinen, den Panorams, konnten die kurzen Musikfilme nach dem Einwurf von wenigen Cents betrachtet werden. Häufig standen diese Maschinen in Restaurants und Bars und erfreuten sich zur damaligen Zeit sehr großer Beliebtheit (vgl. Keazor, Wübbena. 2007. S. 57).

Wenige Jahre später wurden ähnliche Maschinen in Frankreich entwickelt. Die sogenannten Scopitones, ähnelten einer Jukebox und orientierten sich an ihren amerikanischen Vorbildern. Nachdem auch diese Maschinen großen Erfolg feierten, verbreiteten sie sich in weiteren Ländern (vgl. Keazor, Wübbena. 2007. S. 58).

1.1 Die frühen Anfänge

In den 1960er Jahren wurden im TV immer häufiger Liveauftritte von bekannten Musikern oder Bands ausgestrahlt. Meist handelte es sich bei der Darbietung schlicht und einfach um eine aufgezeichnete Liveperfomance der Künstler.

In diesem Zusammenhang werden oft die Promotionclips der Beatles zu ihren Songs *„Paperback Writer"*, *„Rain"* und zu *„Strawberry Fields Forever"* genannt. Des weiteren findet auch der Clip zu Sonny & Chers` Song *„I Got You Babe"* Erwähnung, wenn es um die Ausstrahlung erster „Videoclips" im TV geht.

Ein häufig genanntes Beispiel für das erste Musikvideo, ist die filmische Umsetzung des Songs *„Bohemian Rhapsody"* (1975) der britischen Band Queen. Aus heutiger Sicht betrachtet, wies dieser Clip zum ersten Mal klassische Merkmale eines Musikvideos auf. Ab- und Überblendungen,

Abbildung 1: Queen -"Bohemian Rhapsody" (1975).

unterschiedliche Schnittfrequenzen und die bewusste Inszenierung der Musiker (vgl. Keazor, Wübbena. 2007. S. 61).

Zu Beginn des Opernteils ist die Kameraeinstellung analog zum Cover des Albums, wird jedoch durch Effekte verzerrt und dupliziert dargestellt (vgl. Keazor, Wübbena. 2007. S. 61).

Abbildung 2: Queen -"Bohemian Rhapsody" (1975).

Dieser Effekt wurde mit Hilfe von Kameratechniken erzielt und nicht, wie es einige Jahre später geläufig war, durch analoge oder digitale Nachbearbeitung (vgl. Keazor, Wübbena. 2007. S. 61).

An dieser Stelle eine kleine Anmerkung: Das Musikvideo zum Song *„Wire to Wire"* der englisch-schwedischen Rockband Razorlight, weist meiner Meinung nach deutliche stilistische Ähnlichkeiten mit dem Video *„Bohemian Rhapsody"* auf.

Abbildung 3: Razorlight - "Wire To Wire" (2008).

3

1.2 Der Wandel des Musikclips in den 1980er Jahren

Nachdem Plattenfirmen Ende der 1970er Jahre rücklaufende Verkaufszahlen verbuchen mussten, war man auf der Suche nach einem neuen Vermarktungskonzept. Michael Nesmith und John Lack wurden auf eine australische Chartshow aufmerksam, in der kurze Clips von Musikern gespielt wurden, die sich zu dieser Zeit in den australischen Charts befanden. Nachdem ein erstes Konzept erarbeitet wurde, entstand eine 30 minütige Chartsendung, die stark an das australische Vorbild angelehnt war. 1979 plante die Warner Cable Group die Ausweitung des Satellitenfernsehens und damit verbunden die Entstehung neuer Spartenkanäle. Nachdem Pläne für einen Moviechannel und einen Kinderkanal fest standen, planten die Verantwortlichen einen weiteren Spartensender mit noch unbekanntem Konzept. Die Warner Cable Group wurde auf das TV-Format von Michael Nesmith und John Lack aufmerksam und gemeinsam entstand das Konzept zu einem reinen Musiksender. Nachdem alle nötigen Kooperationspartner gefunden waren und eine Sendestation entstand, ging MTV am 01. August 1981 zum ersten Mal auf Sendung (vgl. Guttmann. 2013. S. 17). *„Video killed the Radiostar"* von den Buggles, war das erste Musikvideo, das auf MTV ausgestrahlt wurde (vgl. Keazor, Wübbena. 2007. S. 69).

In den ersten Jahren nach der Entstehung, war der neue Sender nicht besonders erfolgreich und schrieb bis zum Jahr 1984 nur rote Zahlen. Vorrangig waren es zu diesem Zeitpunkt noch Livemitschnitte bekannter Bands, die als Videos auf MTV gezeigt wurden. Nachdem aber immer mehr Haushalte den Sender empfangen konnten, stieg auch die Popularität in der gewünschten Zielgruppe. Als auch die Plattenindustrie den wachsenden Erfolg des Senders bemerkte, wurden immer mehr Musikvideos zu Werbezwecken produziert (vgl. Guttmann. 2013. S. 18).

Die Ausstrahlung von Musikvideos verhalf in den 80er Jahren vielen, heute bekannten Musikstars zu einer großen Karriere. So startete Michael Jackson seine zweite Karriere nach den Jackson 5 infolge der Ausstrahlung des legendären Videos zu *„Thriller"*. Der Originalclip hat eine Länge von 14 Minuten und gilt heute als Meilenstein in der Musikvideogeschichte.

1.3 Die 90er Jahre

Nachdem es Ende der 1980er zu einer ersten größeren Krise des Musikfernsehens kam, wurden die kurzen Clips zu Beginn der 1990er Jahre wieder populärer. MTV wurde auch in Europa immer beliebter und mit VIVA ging 1993 der erste in Deutschland produzierende Musiksender auf Sendung. VIVA spielte in Deutschland eine wichtige Rolle, da der Sender verstärkt Musikvideos von lokalen und nationalen Künstlern im TV ausstrahlte. Der Sender VIVA zeigte neben der normalen Rotation von Musikvideos auch eine Reihe von interaktiven Musikshows. Der Zuschauer hatte die Möglichkeit via Telefon, später auch via SMS und Chat, die Ausstrahlung von Musikclips zu beeinflussen. Im Jahr 1995 ging mit VIVA ZWEI ein Spartensender auf Sendung, der sich vornehmlich der Ausstrahlung alternativer Musik (-Videos) widmete (vgl. Guttmann. 2013. S. 19).

1.3.1 Grunch und Punk

Musikrichtungen wie Techno, House und HipHop erreichten in den 90er Jahren, speziell in Deutschland, ihren ersten Höhepunkt. Als Gegenbewegung schwappte in den ersten Jahren des Jahrzehnts die Grunch- und Punkwelle aus Amerika herüber nach Europa. Die Musikvideos der

Abbildung 4: The Cranberries - "Zombie" (1994).

zuletzt genannten Genres wirkten eher düster und nüchtern und waren oft getragen von der Hoffnungslosigkeit und der- gegen das System gerichteten Einstellung der Künstler. Die meist pseudonarrativen Clips bestanden aus musikvideoästhetischer Sicht meist aus Szenen, in denen die Künstler „live" performten, gepaart mit melancholisch angehauchten Szenen in schwarz/weiß und surrealen Darstellungen bzw. Bühnenbildern.

Abbildung 5: Soundgarden - "Black Hole Sun" (1994).

Abbildung 6: The Offspring - "Self Esteem" (1994).

1.3.2 Eurodance

Einen ganz klaren Gegensatz zu den zuvor beschrieben Musikclips aus Amerika, bildeten die Clips der europäischen Popmusikproduktionen jener Zeit. Musikalisch beeinflusst von Techno, House und HipHop entstand in den 90er Jahren eine Musikrichtung, welche die oberen Chartpositionen in den darauffolgenden Jahren dominieren sollte.

Die viele Jahre später als „Trashpop" bezeichneten Eurodanceproduktionen, waren in den 90er Jahren omnipräsent. Musikalisch getragen wurden diese Produktionen meist von pumpenden Beats, jenseits von 120 BpM, schrillen Synthesizersounds, simplen Songstrukturen und eingängigen Texten, die jeder mitsingen konnte. Die dazugehörigen Clips waren in den meisten Fällen sehr bunt und die Choreografie der vermeintlichen Sänger stand ganz klar im Vordergrund. Dieser Umstand war maßgebend für eine ganze Generation von Jugendlichen, die tanzen wollten wie ihre Vorbilder im TV.

Abbildung 7: "Get Down" - Backstreet Boys (1996).

Abbildung 8: "Up & Down" - Vengaboys (1999).

Ein weitere prägnanter Aspekt waren die, ab Anfang bzw. Mitte der 90er Jahre zur Verfügung stehenden computertechnischen Mittel. Viele Videos wurde vor einem Greenscreen gedreht. Man sah oft merkwürdig anmutend wirkende Formen durch das Bild fliegen.

Abbildung 9: Mr. President - "Coco Jamboo" (1996).

2 Musikclips und das Internet

Zu Beginn der 2000er Jahre hielt das Internet verstärkt Einzug in die privaten Haushalte und immer mehr Menschen nutzten die virtuelle Datenautobahn. Die Technologien jener Zeit machten es möglich, auch größere Datenmengen zu komprimieren und leicht mit anderen Personen auf der ganzen Welt zu teilen. Nachdem in den 1980er und 1990er Jahren die Schallplatte und die Kassette von der CD abgelöst wurden, sah auch sie nun ihrem Ende entgegen. Der physische Tonträger wandelte sich zur datenkomprimierten Version seiner selbst, der MP3. Während Raubkopien in Form von überspielten Kassetten in den 1980er und 1990er Jahren eher weniger Beachtung seitens der Musikindustrie fanden, entwickelte sich die Verbreitung von Musikstücken über virtuelle Tauschbörsen wie Napster, Limewire oder Gnutella zu einem enormen Problem für diese. Viel früher als die Musikindustrie selbst erkannten die sogenannten User, welche Möglichkeiten sich mit der Digitalisierung von Daten und insbesondere von Musikstücken ergeben hatten.

An dieser Stelle ein kurzer Exkurs in das mögliche Kaufverhalten eines Musikhörers vor dem Zeitalter der Digitalisierung. Musikstücke, neuer und etablierter Künstler wurden meist über das Medium Radio einer breiten Masse vorstellt. Wem die Musik gefiel, suchte anschließend möglicherweise den nächsten Plattenladen auf, um sich die Single oder die LP des gehörten Künstlers bzw. der Band zu kaufen. Das Verhältnis von Konsument zu Produkt, war zu dieser Zeit ein ganz anderes. Allein der physische Besitz einer Schallplatte aus Vinyl oder einer CD inkl. Booklet verband den Konsumenten mit dem Produkt seiner Wahl. Unter Sammlern alter Schallplatten wird man kaum jemanden finden, der sich freiwillig von seinen Schätzen trennt. Der Hörer war emotional an den Künstler und an sein Produkt gebunden.

Nach der Verbreitung der Digitalisierung war es nun möglich, als Konsument Massen an Musikstücken mit einem einzigen Klick herunter zu laden. Und das, illegaler weise, oft ohne dafür zu zahlen. Die Festplatten füllten sich mit hunderten Musikstücken und LP's. Die zuvor beschriebene emotionale Bindung zum Produkt und zum Künstler ging fast völlig verloren in der Masse, die den Konsumenten nun zur Verfügung stand.

Die Musikindustrie hatte Jahrelang Schwierigkeiten damit, sich mit dieser Situation auseinander zu setzen und eigene, rentable Wege zu finden wie sie die technologische Entwicklung für sich nutzen konnte. Sie hielt noch lange an bekannten Strukturen fest um Künstler und Musik zu vermarkten. Aus diesem Zustand heraus ergab sich zu Beginn der 00er Jahre ein wirtschaftlicher Einbruch für die Musikindustrie. Nur wenige Jahre zuvor hatte man als Konsument noch das Gefühl, Plattenfirmen würden jeden, auch noch so talentfreien „Künstler" unter Vertrag nehmen. Es war die Ära der Castingbands wie Take That, den Backstreet Boys und N'sync. Noch nie war eine Epoche, in der noch kurzen Geschichte der Popmusik, so sehr von „One-Hit-Wondern" geprägt wie zu dieser Zeit. Betrachtete man die oberen Chartpositionen, konnte man erkennen, dass diese oft von reinen Studioproduktionen belegt waren. Die vermeintlichen Sänger in den dazugehörigen Musikclips sangen in den seltensten Fällen ihre Songs selbst ein und waren beliebig austauschbare Akteure. Das wohl bekannteste Beispiel für eine solche Vermarktung von „Statisten" ist wohl das Duo, Milli Vanilli, die mit ihrem Hit „Girl You know It's True" aus dem Jahre 1988 weltweit einen großen Erfolg verbuchen konnten. Produzent des Stückes war der deutsche Hit-Produzent Frank Farian, der bereits mit der Discopop-Gruppe Boney M einige Jahre zuvor mehrere Hits landen konnte. Als in der Öffentlichkeit bekannt wurde, dass die Protagonisten nicht einen einzigen Song selbst gesungen haben, war die Empörung groß. Heutzutage würde sich niemand mehr in solchem Ausmaß über solch einen Betrug echauffieren.

Den einzigen Sinn und Zweck, den die mutmaßlichen „Künstler erfüllen sollten, war es dem potentiellen Kunden ein audiovisuelles Gesamtprodukt vorzugaukeln, welches sich best möglich verkaufen sollte. Zu Beginn des Musikfernsehens in den 1980er Jahren investierten Plattenfirmen sehr viel Geld in die visuelle Umsetzung von Songs. Nachdem dieser „Hype" Ende der 1980er/ Anfang der 1990er Jahre ein wenig abflachte, erreichte er jedoch Ende der 1990er Jahre einen erneuten Höhepunkt. Musikvideoproduzenten profitierten von Millionenbudgets, die von den Plattenfirmen zur Verfügung gestellt wurden.

Das Musikvideo zu Janet Jacksons Song „*What's It Gonna Be?!*" feat. Busta Rhymes aus dem Jahr 1999 ist mit einem Budget von über zwei Millionen US Dollar nach wie vor eines der teuersten Musikvideos aller Zeiten. Regie führte damals der sehr erfolgreiche Musikvideoproduzent Hype Williams, auf den ich in dieser Hausarbeit noch näher eingehen werde. Ein Großteil des zur Verfügung stehenden Budgets verschlangen die Spezialeffekte in dem Video (vgl. Joseph. 2013).

Abbildung 10: Janet Jackson ft. Busta Rhymes - "What's It Gonna Be" (1998).

Das Phänomen, welches der Musikindustrie zu Beginn des neuen Jahrtausends erhebliche wirtschaftliche Einbrüche bescherte, sollte einige Jahre später dafür sorgen, eben dieser wieder auf die Beine zu helfen. Und das in einem wahrscheinlich kaum geahntem Ausmaß.

2.1 „Das neue Musikfernsehen" - Youtube, Itunes und Co.

Mitte der 2000er Jahre ging das Videoportal YouTube online. YouTube ermöglicht es dem Produzenten eines Videoclips, egal ob es sich dabei um einen Musikclip oder ein privates Urlaubsvideo handelt, seine Clips binnen Minuten online zu stellen und so eine breite Masse an Zuschauern zu gewinnen. Dabei ist der Produzent des Clips nicht mehr an Sender, Labels oder Vertriebe gebunden. Ein weiterer Effekt dieser Form der Vermarktung ist die direkte Erreichbarkeit des Users und umgekehrt. Positives, aber natürlich auch negatives Feedback durch die User gelangt in Form von sogenannten Likes, Klickzahlen und Kommentaren direkt an den Produzenten. Potentieller Kunde ist nun jeder, der über einen Internetanschluss verfügt. Zudem kommt die Verbreitung von (Musik-)Videos und Trends über die sozialen Netzwerke wie Facebook und Twitter. Ein prägnantes Beispiel für den Erfolg von Musikclips, die auf YouTube zu sehen und zu hören sind, ist der Hit „*Gangnam Style*" von Psy, aus dem Jahre 2012. Es war das erste Musikvideo, welches die historische Marke von über einer Milliarde Views erzielen konnte und auf der ganzen Welt Beachtung fand (vgl. Barrett. 2012).

2.1.1 YouTube als Promotionwerkzeug

In den letzten Jahren nutzten Künstler und Plattenfirmen die Videoplattform YouTube nicht mehr nur um ihre Musikclips der Öffentlichkeit einfach nur zugänglich zu machen. Oft werden komplette Promophasen[1] über den Youtube-Channel eines Künstlers abgewickelt. Die potentiellen Konsumenten können so an der Entstehung eines Produktes teilhaben. Auf diese Weise baut der vermeintliche Hörer einen emotionalen Bezug zum Künstler und zum Produkt auf. Promophasen waren früher für den Künstler und die Plattenfirma mit wesentlich mehr Aufwand verbunden. Radio- und TV Interviews, Presseberichte, Plakate, Konzerte etc.. Es bedeutet natürlich nicht, dass ein Künstler in Zeiten von viralem Marketing auf klassische Promoaktionen komplett verzichten kann oder sollte. Jedoch bietet diese Form der Vermarktung einen klaren Vorteil. Man erreicht in kürzerer Zeit einen wesentlich größeren Teil von potentiellen Käufern.

2.1.2 Kollegah & Selfmade Records

An dieser Stelle möchte ich ein Beispiel für eine gut geplante Promophase und virales Marketing aufführen. Der deutsche Rapper Kollegah, veröffentlichte am 09. Mai 2014 sein Album mit dem Titel *„King"*. Bereits Monate vor dem Veröffentlichungstermin stellte der Künstler in regelmäßigen Abständen kurze Clips auf YouTube. In den Clips konnte man den Entstehungsprozess des Albums verfolgen, die Studioaufnahmen, Pressetermine, Tourblogs,

Abbildung 11: Kollegah - "King" (2014).

Making Of's und sogar eine Late Night Show nach amerikanischem Vorbild wurde via Youtube jeden Sonntag Abend ausgestrahlt. In kürzester Zeit hatte der Youtube-Kanal „BosshaftTV" des Künstlers Kollegah mehr als eine halbe Million Abonnenten. Die unabhängige Plattenfirma Selfmade Records, bei der Kollegah als Künstler unter Vertrag steht, verkündete 24 Stunden nach der Veröffentlichung des Albums, dass das

---

[1] **Promotion** bezeichnet innerhalb der Musikindustrie zusammenfassend alle Maßnahmen der Öffentlichkeitsarbeit für Musiker bzw. deren Album-Neuerscheinungen und/oder Tourneen. Die ausführenden Sachbearbeiter bezeichnet man analog als „Promoter", obwohl im englischen Sprachraum mit „Promoter" der Veranstalter zum Beispiel eines Konzertes oder einer Tournee bezeichnet wird.

Album in Deutschland den Goldstatus[2] erreicht hat. Das entspricht 100.000 verkauften Einheiten. In der ersten Woche nach der Veröffentlichung bestätigte die GfK-Analyse 160.000 verkaufte Einheiten des Albums und den 1. Platz der deutschen Albumcharts. Auch in Österreich und der Schweiz stieg das Album auf Platz 1 der Charts und erreichte den Goldstatus in kürzester Zeit. Nach einem Monat erhielt das Album „King" Platinstatus in Deutschland. Das Album kann noch weitere Rekorde verbuchen. Unter anderem war es das meist gestreamte Musikalbum auf der Streamingplattform Spotify im Monat der Veröffentlichung(vgl. Gottfried. 2014).

In Anbetracht der recht schlechten Verkaufszahlen, besonders von deutschsprachigen Künstlern, ist dieses Beispiel ein unglaublicher Erfolg. Natürlich erreichen auch andere deutsche Künstler solche Verkaufsergebnisse. Etablierte Künstler mit einer riesigen und treuen Fanbasis wie Helene Fischer oder Rammstein verkaufen nach wie vor sehr viele ihrer Alben. Um so beachtlicher ist jedoch der Erfolg von Kollegahs` Album „King", da es sich bei dem beschriebenen Beispiel immer noch um eine Musikrichtung handelt die, verglichen mit dem amerikanischen Markt, in Deutschland ein Nischendasein fristet.

---

2 Die maßgeblichen Mindestzahlen wurden nach Beschluss vom 30. Oktober 2003 aufgrund der rückläufigen Verkaufszahlen im Bereich der Musikindustrie deutlich herabgesetzt. In Deutschland liegt die Hürde für Alben nun (anstatt bei 250.000 wie vor dem 24. September 1999) rückwirkend zum 1. Januar 2003 bei 100.000, für Singles bei 150.000 Einheiten.

2.1.3 Einnahmen

Auch wenn es bei dem o.g. Beispiel primär um die Vermarktung eines Produktes ging, sollte nicht außer Acht gelassen werden, dass jedes Video und jeder Klick/View für den Besitzer eines Videos auf YouTube Geld in die Kasse spielt. Dabei gehen fast 50% der durch Werbung eingenommenen Einnahmen an Google. YouTube ist seit 2006 eine Tochtergesellschaft von Google. Wiederrum gehen ca. 50% dieser Einnahmen an den Besitzer des Videos, sofern dieser die Urheberrechte dafür besitzt. Schätzungen zufolge wurden im Jahr 2013 durchschnittlich 7,60 US Dollar pro 1000 Video- bzw. Werbeeinblendungen eingenommen. 55% davon gingen an den Urheber, also ca. 4,18 US Dollar (entspricht ca. 3,00 Euro) (Wandiger, P. 2014. YouTube Einnahmen – wie viele Aufrufe nötig sind). Emsige YouTuber mit eigenen Kanälen, einer Vielzahl von Abonnenten und regelmäßig neu erscheinenden Videos, verdienen via YouTube also gar nicht so schlecht.

Man kann festhalten, dass YouTube für Musikschaffende nicht nur ein hervorragendes Werkzeug ist, um ein Produkt zu promoten und potentielle Käufer zu gewinnen. Es dient ebenfalls dazu, in direktem Kontakt zu den Fans zu treten und diese an den Künstler zu binden. Zudem erweist sich die Veröffentlichung der Videos an sich als lukrative Einnahmequelle.

3 Definition

Im klassischen Sinn versteht man unter dem Begriff- Musikvideo ein ca. 3 bis 4 minütiges Video, in dem ein musikalisches Stück visuell umgesetzt wird. Die Umsetzung eines Musikclips wird von einer Plattenfirma in Auftrag gegeben, um die Verkäufe von Tonträgern anzukurbeln (vgl. Maulko. 2015. S.287). Spezielle Produktionsfirmen widmen sich der Konzeption und der filmischen Umsetzung. In der Regel steht der Künstler oder die Band im Fokus des Musikclips. Ein Musikvideo ist eine Kreuzung aus vielen verschiedenen Kunstrichtungen. Musikvideoproduzenten nehmen in ihren Videos auch immer mal wieder Bezug zu gestaltenden Künsten und interpretieren diese auf ihre Art und Weise.

Der Regisseur Chris Cunningham drehte 1998 den Musikclip zu Madonnas Song „Frozen". Betrachtet man die künstlerische Gestaltung des Clips sowie die Kostüme, kann man deutlich erkennen, dass Cunningham sich von dem Gemälde „Miranda – The Tempest" des Malers John William Waterhouse hat inspirieren lassen. Die düstere und kalte Atmosphäre des Clips stellt ganz klar einen Bezug zum Gemälde dar (vgl. Keazor, Wübbena. 2007. S. 316).

Abbildung 12: William Waterhouse - "Mirinda - The Tempest" (1916).

Immer wieder lassen sich Elemente aus Tanz, Theater, Ballett und Choreografie entdecken. Oft sind es auch stilistische Bezüge zum Spielfilm, die sich in Musikvideos wieder finden.

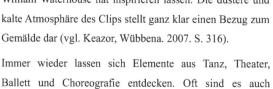
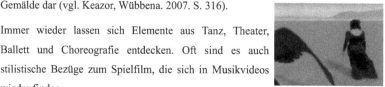

Abbildung 13: Madonna - "Frozen" (1998).

3.1 Typisierung des Musikclips

Laut Altrogge lassen sich Musikclips primär in zwei Typen klassifizieren. Zum einen ist der klassische Performanceclip zu nennen, zum anderen der Konzeptclip. Musikclips sind fast ausnahmslos nicht in einer absoluten Reinform zu finden. In den meisten Fällen bilden sie ein Gemisch aus mindestens zwei der aufgezählten Typen. Wesentlich für die Klassifizierung ist der visuelle Schwerpunkt des Clips (vgl. Altrogge. 1994. S.196-214).

3.1.1 Der Perfomance Clip

Musikvideohistorisch betrachtet, ist der Performanceclip die wohl klassischste Variante des Musikclips. Die Performance eines Künstlers oder einer Band steht dabei in direktem Bezug zum musikalischen Produkt. Die visuelle Darbietung der Musiker passiert synchron zur Musik. Häufig verwendete Einstellungen in Performanceclips sind beispielsweise direkte Live Aufnahmen einer Band auf der Bühne oder Aufnahmen im Tonstudio. Eine andere Form ist die Darbietung ohne Bühne und ohne Publikum. Beispielsweise agiert die Band vor einem Greenscreen oder einer Kulisse wie sie in Theatern zu finden ist (vgl. Altrogge. 1994. S.196-214).

3.1.2 Der Narrative Clip

Bei einem narrative Clip dient der Text des Songs als Grundlage für die Geschichte , die im Musikvideo erzählt werden soll. Der Text des Songs stellt also die Grundlage für das Drehbuch des Clips dar. Dabei entsteht der Eindruck eines kurzfilmartigen Musikclips, bei dem die Künstler selbst gar nicht im Video auftauchen oder aber die Rolle des Schauspielers übernehmen (vgl. Altrogge. 1994. S.196-214).

3.1.3 Der Semi- oder Pseudonarrative Clip

Semi- oder Pseudonarrative Clips bestehen meist aus der klassischen Darstellung der Band oder des Künstlers bei der Performance eines musikalischen Stückes. In diesem Fall wechseln sich die „Live"- Szenen mit erzählenden Szenen ab. Den seminarrativen Clip kann man also als Konglomerat aus einem Performance- und einem narrativen Clip betrachten (vgl. Altrogge. 1994. S.196-214).

3.1.4 Der Art Clip

Der Art Clip bedient sich vor allem an Vorlagen aus der bildenden Kunst und verzichtet weitestgehend auf die Perfomance der Künstler. Wobei es auch bei diesem Art Clips häufig zu Vermischungen der Klassifizierungsmodelle kommt. Wenn sich Regisseure oder Künstler an anderen Kunstformen bedienen, kann dies sehr plakativ geschehen (vgl. Altrogge. 1994. S.196-214).

Die französische Elektroband Daft Punk ließ jede Singleauskopplung ihres zweiten Studioalbums „Discovery" aus dem Jahr 2001 als komplett animierten Musikclip veröffentlichen. Hierbei spielte der narrative Anteil in jedem einzelnen Clip eher eine untergeordnete Rolle. Jedoch erzählen

Abbildung 14: Daft Punk - "One More Time" (2000).

alle Clips im Zusammenhang eine fortlaufende Geschichte, die später in dem japanischen Anime-Musikfilm, „Interstella 5555 – The 5tory of the 5ecret 5tar 5ystem" weitergeführt wurde.

Das Duo Daft Punk verzichtet übrigens in allen ihren Videos auf die Darstellung der realen Künstler. Entweder wird die Band wie in dem o.g. Beispiel als animierte Version ihrer selbst

Abbildung 15: Daft Punk - "High Life" (2001).

dargestellt, oder die Bandmitglieder treten in ihren typischen Kostümen auf, wie im Video zu ihrem Welthit „Lucky" aus dem Jahr 2013 zu sehen.

Abbildung 16: Daft Punk ft. Pharrell Williams - "Get Lucky" (2013).

Auch andere Bands bedienen sich diesem Stilmittel bei der Umsetzung ihrer Musikclips. Das wohl bekannteste Beispiel ist die virtuelle britische Band Gorillaz. Ein Zusammenschluss verschiedener Musiker, deren Besetzung oft wechselt. Die Band wird in ihren Videos durch Comicfiguren verkörpert, die selbst eigene Biografien besitzen und nicht direkt etwas mit denen der realen Musiker zu tun haben.

Abbildung 17: Gorillaz - "Fell Good INC. (2005).

Abbildung 18: Gorillaz - "Clint Eastwood" (2001).

3.1.5 Der Bilderflut-Clip

In vielen Fällen liegt einem Bilderflutclip der Performance Clip als Grundlage vor. Der Unterschied zum narrativen oder pseudonarrativen Clip liegt hierbei darin, dass die eingeblendeten Bilder nicht zwangsläufig einem Handlungsstrang folgen müssen. Das Erscheinen der Bilder oder der kurzen Szenen wirkt eher zufällig. Daraus resultiert eine Art Montage aus vielen, kurz eingeblendeten Bildern oder Bildabfolgen. Die rasante Abfolge der Bilder lässt dem Betrachter kaum Zeit, jedes einzelne Bild zu interpretieren. Bilderflutclips haben einen überwältigenden Charakter und lassen den Betrachter oft mit einer gewissen Neugierde zurück, den Clip immer und immer wieder aufs neue zu sehen (vgl. Altrogge. 1994. S.196-214).

4 Ästhetische Entwicklung

Grundsätzlich haben Musikvideoproduzenten freie Hand und sind nicht gezwungen, sich hinsichtlich des künstlerischen Ausdrucks Regeln unterzuordnen. Dennoch zeichnete sich in der Historie des Musikclips eine gewissen Struktur ab, die sich an ordnungsgebenden Faktoren orientiert. Diese bildlichen Ordnungsprinzipien kongruieren oft mit den musikalischen Merkmalen eines Musikstücks. Dieses Muster erleichtert natürlich die Arbeit eines Musikvideoproduzenten enorm. So kann man feste strukturelle Muster in der Arbeit einzelnen Produzenten ganz klar erkennen. Oft folgen die unterschiedlichsten Videos dem gleichen Prinzip und werden nur noch in Details verändert. Im folgenden Kapitel werde ich auf das Zusammenspiel von Musik und Visualisierung und das damit verbundene Erleben des Betrachters eingehen. Außerdem werde ich verschiedene Techniken wie Kameraeinstellungen und Videoschnitt erläutern.

4.1 Bild und Ton

MTV und andere Musiksender prägten Jahrzehnte lang die Ästhetik der Musikvideos. Das Internet als vorherrschendes Medium hat das klassische Musikfernsehen in den letzten Jahren weitestgehend abgelöst. Dies führte zu einem Paradigmenwechsel. Es veränderte das, was das Musikvideo bisher war. Ein Mittel der Plattenfirmen um ihre Verkaufszahlen und Umsätze zu steigern (vgl. Guttman. 2013. S.31). Videoplattformen und soziale Netzwerke machen es auch semiprofessionellen Videokünstler möglich, ihre Kunst zu präsentieren und einer breiten Öffentlichkeit zugänglich zu machen. Darüber hinaus entwickelte sich die digitale Technik in den vergangenen Jahren sehr rasant. Hochauflösende Foto- und Videokameras, die inzwischen sogar in HD aufzeichnen, sind fast für jedermann erschwinglich geworden und die benötigte Software zur Audio- und Videobearbeitung ist nicht mehr nur den Profis vorbehalten. Dies führte dazu, dass die bisher geltenden Gesetze der Musikvideoästhetik gebrochen und neue, innovative Wege eingeschlagen wurden. Nichtsdestotrotz orientieren sich fast alle Videokünstler, ob professionell oder nicht, an bestimmten ästhetischen und technischen Gepflogenheiten, die sich im laufe der Musikvideogeschichte etabliert haben (vgl. Guttman. 2013. S.31).

4.2 Hype Williams

Der US amerikanische Musikvideoproduzent Hype Williams zählt wohl zu den bekanntesten und erfolgreichsten seiner Zunft. Hauptsächlich machte sich Williams als Produzent von HipHop Videos in den 90er Jahren einen Namen. Fast jede größere Produktion beauftragte ihn mit der Visualisierung von Musikstücken. Gegen Ende der 1990er Jahre war Williams bekannt dafür, in vielen seiner Videos das Fischaugenobjektiv einzusetzen.

Abbildung 19: Hype Williams

Abbildung 20: Busta Rhymes - "Dangerous" (1997).

Ein weiteres Stilmittel, welches durch Hype Williams` Einsatz in Musikvideos zu einem wahren Trend in Musikvideos wurde, war eine Art Splitscreen. Das eigentliche Musikvideo lief mittig platziert ab, während auf dem oberen und unteren Bildrand entweder die gleichen Szenen nur aus einem anderen Winkel abliefen oder ein völlig anderes Video zu sehen war.

Abbildung 21: LL Cool J - "Freeze" (2006).

Im Jahre 2003 erschienen erste Musikclips unter der Regie von Hype Williams, bei denen er die Künstler oder Schauspieler mittig in den Fokus der Kamera positionierte, während diese vor einem meist einfarbigen Hintergrund (hin und wieder mit leichten Farbverläufen) agierten. Zudem folgten auf den Rhythmus abgestimmte, schnelle Bildwechsel die meist die nächste Szene einläuteten. Eines der besten Beispiele ist wohl das Video zu dem Song „Gold Digger" von Kanye West & Jamie Foxx aus dem Jahr 2006 (vgl. Birchmeier. Ohne Datum).

Abbildung 22: Kanye West ft. Jamie Foxx - "Gold Digger" (2005).

4.3 Synästhesie in Musikvideos

Im Grunde bedeutet dies, dass die visuellen Elemente eines Musikclips an die musikalischen angepasst werden, Ton und Bild also synchron zu einander passieren. Dieses Zusammenspiel von Bild und Ton ruft beim Betrachter ein Wahrnehmungserlebnis aus. Diese Relationierung bezeichnet man auch als Synästhesie. Menschen verknüpfen die verschiedensten Sinneseindrücke miteinander. Das liegt in der Natur des Menschen und passiert jeden Tag, ohne das man sich darüber bewusst ist. Töne werden mit visuellen Eindrücken verbunden, Gerüche mit Erlebnissen usw..

Es macht also Sinn, die musikalischen Attribute mit den visuellen so zu verknüpfen. So, dass der Betrachter ein synästhetisches Erlebnis erfährt.

4.4 Montage und Schnitt

Die Komposition eines Videos hängt von einigen Faktoren ab. Neben Auswahl der Drehorte, Akteure, Licht und Equipment etc., spielt der Schnitt bzw. die Montage der einzelnen Szenen eine wichtige Rolle. Im besten Fall existiert vor dem Schnitt ein narratives Grundgerüst. Also ein Handlungsablauf der einzelnen Szenen. Während des Schnitt- bzw. Montagevorgangs werden die aufgenommen Szenen, also das Rohmaterial, gesichtet und sortiert. Vom Schnitt wird gesprochen, wenn von der „handwerklichen" Tätigkeit die Rede ist (vgl. Guttman. 2013. S.32). Nach der Auswahl der Szenen werden diese so „getrimmt", dass sie sich mit anderen Szenen verbinden lassen. In der Montage werden dann die geschnittenen Einstellungen zusammengefügt. Die Montage, also die Anordnung der einzelnen Sequenzen soll dafür sorgen, dass ein sinnvoller und narrativer Ablauf stattfindet. Das Rohmaterial wird also in „Form" gebracht und das Video wird künstlerisch gestaltet (vgl. Guttman. 2013. S.31).

In den meisten Fällen orientiert sich die Montage an den musikalischen Strukturen des Musikstücks. Also an Tempo, Rhythmik, musikalische Teilabschnitte wie Intro, Refrain oder Bridge. Musik und Bild sollen sich Homogen zu einander verhalten, damit ein ästhetisches und harmonisierendes Kunstprodukt entsteht (vgl. Guttman. 2013. S.32-33).

4.5 Kameraeinstellungen

Kameraeinstellungen wie man sie aus Spielfilmen kennt, etablierten sich auch im Bereich des Musikfilms. Totale (Long Shot), Nahaufnahme (Medium Shot) und Großaufnahme (Close up) sind gängige Einstellungen in Filmen und Musikvideos. Neben den bereits genannten, gibt es natürlich auch noch eine Reihe weiterer Kameraeinstellung. Betrachtet man Musikvideos aufmerksam, lässt sich feststellen, dass Einstellungen häufig aus der Froschperspektive gedreht wurden. Besonders in Perfomanceclips, bei denen die Musiker auf der Bühne agieren, vermittelt diese Einstellung dem Betrachter ein „Live-Gefühl", da er die Position eines Konzertbesuchers einnimmt (vgl. Guttman. 2013. S.34).

Eine weitere gängige Praxis in Musikvideos sind Kamerafahrten. Meist bewegen sich Kamerafahrten auf das Geschehen oder den Künstler/Schauspieler zu. Von der Totalen zum Close Up. Kamerafahrten sind jedoch nicht zwangsläufig auf diese eine Dimension beschränkt (vgl. Guttman. 2013. S.35). Bei sogenannte Kreisfahrten wird ein Objekt, Drehort oder Schauspieler in einem Viertel-, Halb- oder vollständigem Kreis gefilmt. In professionellen Produktionen werden beide der genannten Kamerafahrten meist mit technischen Hilfsmitteln umgesetzt, um ungewollte Kamerabewegungen zu vermeiden. Dies geschieht meist mit sogenannten Dolly`s. Ein Dolly kann, wenn gewollt auf Schienen eingesetzt werden um noch präzisere Ergebnisse zu erhalten. Auch bei den zuvor genannten Kreisfahrten ist dies üblich. Weitere technische Hilfsmittel sind Rollstative, Kamerakran und Steadicams, welche bewegungsfreie Einstellungen mit der Handkamera möglich machen.

In Musikvideos bieten sich Kamerafahrten an, da sie einen kreativen Spielraum schaffen um später in Schnitt und Montage, die Musik und das Video aufeinander abzustimmen. Kamerafahrten und ein guter Schnitt ermöglichen es, die Synästhesie eines Clips positiv zu beeinflussen (vgl. Guttman. 2013. S.36).

4.6 Digitale Effekte

Ich möchte an dieser Stelle kurz auf die zahlreichen Möglichkeiten der digitalen Bild- bzw. Videobearbeitung eingehen. Für das Video „Nachteulen" wurden nur wenige Effekte genutzt, die ich im folgenden erläutern möchte.

4.6.1 Der Jitter-Effekt

Der „Jitter-Effekt" ist ein digital erzeugtes „Wackeln" der Kamera. Einzelne Frames[3] werden dabei aus einer Szene herausgeschnitten bzw. geteilt. Anschließend werden diese leicht nach oben, unten, rechts oder links versetzt. Dieser Effekt wird häufig eingesetzt um beispielsweise den Sound einer Bassdrum visuell darzustellen.

4.6.2 Der Bounce-Loop

Der sogenannte „Bounce-Loop" erfreute sich in den letzten Jahren großer Beliebtheit. Dieser Effekt ist in einer Vielzahl von Musikvideos zu sehen. Im Grunde beschreibt dieser Effekt lediglich das Vor-, Zurück- und wieder Vorspulen einer Videosequenz. Eine Szene wird an der gewünschten Stelle geschnitten (unterbrochen), und anschließend in der Videobearbeitungssoftware dupliziert. Dann wird sie rückwärts laufend an die Originalsequenz montiert. Die Ausgangssequenz wird nun noch einmal dupliziert und hinter der rückwärts laufende Szene positioniert. Dieser Effekt wirkt in der Beschreibung nicht sonderlich spektakulär, wirkt jedoch enorm auf den Betrachter wenn es synchron zu Musik passiert.

---

3 Die Bildfrequenz (präziser **Bildwechselfrequenz**) ist ein Begriff aus der Film- und Videotechnik. Sie bezeichnet die Anzahl der Einzelbilder bzw. Bewegungsphasen, die pro Zeiteinheit aufgenommen oder wiedergegeben werden. Mit dem englischen Ausdruck **frames per second** (kurz **fps**) bzw. auf Deutsch **Bildrahmen/Bilder pro Sekunde** (kurz **BpS**) wird die Anzahl der Einzelbilder pro Sekunde bezeichnet.

5 Die Projektmethode

An dieser Stelle werde ich die Projektmethode umschreiben und einige Merkmale nennen, die ich für die gemeinsame Zusammenarbeit und entwicklung unsere Indoor Projektes wichtig halte. Dieses Kapitel beschäftigt sich mit der Reflexion des Indoor Projektes an sich, also mit der Planungsphase und der Umsetzung in der Großgruppe anhand der Projektmethode. Die Reflexion des Videos bzw. die Arbeit in der Kleingruppe werde ich im nächsten Kapitel erläutern.

Das Konzept der Projektmethode dient im Gruppenkontext dazu, sinnvoll und geplant eine Projekt zu erarbeiten. Um welche Gruppe es sich dabei handelt, ob Kinder im Grundschulalter, Jugendliche oder erwachsene, spielt erst einmal keine Rolle. Sie ist als Leitfaden zu verstehen und unterstützt den oder die Lehrenden wie auch die Gruppenmitglieder dabei, strukturiert, ergebnisorientiert aber auch reflexiv ein Projekt von Anfang bis zum Ende zu entwickeln. Natürlich ist die Wichtigkeit des Ergebnisses je nach Art des Projektes unterschiedlich. Deshalb liegt das Hauptaugenmerk der Projektmethode auf dem Erfahren und auf der Bildung, welches sich erst im laufe des Projektes einstellt.

5.1 Die Projektmethode – Indoor 2015

Ausgangssituation ist eine Projektinitiative. In unserem Fall wurde das Ziel bzw. das Vorhaben von den Professoren vorgegeben und nicht von den Gruppenmitglieder bestimmt. Allerdings war die Projektdurchführung zu Beginn noch nicht klar, auch wenn die Projektinitiative fest stand.

Nach der Einführungsphase standen drei Fernziele fest.

1. Die Entwicklung eines Musikstückes
2. Die Entwicklung eines Musikvideos
3. Die Präsentation des Ergebnisses

Da uns während des Semesters nur ein Tag in der Woche zur Verfügung stand um ein Konzept zu entwickeln, wurde ein zeitlicher Rahmen festgelegt. Dieser zeitliche

Rahmen sollte in der Entwicklungsphase dabei helfen, Entscheidungen bis zu einem gewissen Zeitpunkt zu treffen.

Beispiele:

1. Finden eines „Überthemas" in der Großgruppe (Farben, Bunt)
2. Ideensammlung/Brainstormig
3. Aufteilung in Kleingruppen
4. Entwicklung des Konzeptes in der Kleingruppen und Vorstellung des Konzeptes
5. Einführung in die Technik
6. Planung der Musikaufnahmen/Absprache mit den anderen Kleingruppen
7. Planung des Drehs (Drehorte, Akteure, Requisiten, Equipment etc.)
8. Festlegen einer Timeline für den Dreh
9. Planung der Präsentation

In einer ersten Phase entstanden bereits einige Ideen und die meisten Gruppenmitglieder hatten eine grobe Vorstellungen von dem, was sie gerne einmal ausprobieren möchten. In der nächsten Phase, beschäftigte sich die Gruppe mit der eigentlichen Initiative. Zu diesem Zeitpunkt entwickelte sich das Projekt zu einem komplexeren Thema für die Gruppe (vgl. Frey. 2012. S.56-58).

In den Kleingruppen entstanden erste konkrete Pläne zur Umsetzung eines Musikvideos und erste Rollen und Aufgabengebiete der einzelnen Gruppenmitglieder wurden verteilt. In dieser Phase wurden Ideen besprochen und es wurde deutlich, welche Vorstellungen realisierbar sind und welche nicht.

Auch in der Großgruppe entstanden erste Ideen zur Umsetzung der Abschlusspräsentation. Erfahrungen wurden ausgetauscht und erste Kritik wurde geübt. Diese Phase eröffnete jedoch die Möglichkeit einen gemeinsamen Nenner zu finden. Neben der Rollen- und Aufgabenverteilung in den Kleingruppen, wurden in dieser Phase auch die Rollen und Aufgaben verteilt, die die einzelnen Mitglieder bei Planung für die Präsentation übernehmen sollten (vgl. Frey. 2012. S.56-58).

Beispiele:

1. Wer kümmert sich um die Location
2. Wer ist für das benötigte Equipment zuständig
3. Wer übernimmt die Öffentlichkeitsarbeit
4. Wer organisiert das Catering etc.

Diese Phase kann durchaus zu einem negative Abschluss führen, da Gruppenmitglieder eigene Vorstellung verwerfen müssen oder Vorschläge keine Zustimmung finden und/oder nicht umsetzbar sind. Die Komplexität der Initiative nimmt wieder ab und Entscheidungen über das, was wirklich umsetzbar ist werden konkretisiert (vgl. Frey. 2012. S.56-58).

6 Indoor Projekt 2015 - „Nachteulen" Musikvideo

Unter der Leitung von Prof. Ulrich Einbrodt und Prof. Axel Lamprecht planten wir als Indoor-Gruppe im Frühjahr 2015 die Produktion von eigenen Musikstücken und die dazu gehörigen Musikvideos. Nach der Einführungsphase, in der uns die Professoren mit verschiedenen Musikinstrumenten bekannt gemacht haben und wir erste Grundlagen zu Themen wie Kamerahandhabung, Softwarebedienung und Aufnahme von Tonspuren näher brachten, entwickelten sich bereits in Kleingruppen erste Ideen zu möglichen Konzepten.

Nachdem in der Großgruppe über ein mögliches Überthema diskutiert wurde, machten sich einzelne Personen aber auch schon Kleingruppen daran, in gemeinsamen Austausch Konzepte für ein Musikvideo aber auch für die Produktion eines Musikstückes zu erarbeiten.

6.1 Brainstorming

Im Plenum wurden von einzelnen Studenten Ideen und Vorschläge gesammelt, wie ein Musikvideo aussehen könnte. Schnell entstanden so kleinere Gruppen, die ihre Ideen, Wünsche und Vorstellungen zusammen trugen.

Die Arbeitsgruppe „Nachteulen" bestand aus den Studenten Viola F., Artur J., Katrin C., M., Karolina P. und Stephan L.. Jeder einzelne hatte bereits Erfahrungen in verschiedenen Bereichen der gestaltenden Kunst. So haben sich einige Mitglieder der Gruppe bereits intensiv mit Fotografie beschäftigt. Andere hatten erste Kenntnisse zu Themen wie Filmschnitt und Musikproduktion. Wieder andere beschäftigten sich bereits mit Tanz, Theater und Performance.

Während des Brainstormings wurden recht schnell Vorstellungen der einzelnen Mitglieder formuliert, erste Ideen entwickelt und mögliche Umsetzungen geplant und notiert.

Die Vorstellungen über den „Look" des Musikvideos waren von Beginn an bei allen Mitgliedern der Gruppe recht ähnlich. In einer frühen Phase der Entwicklung entstanden deshalb bereits erste Ideen zu Locations, benötigten Materialien und Requisiten usw..

24

6.2 Die Aufnahme des Musikstücks

Nach der ersten Phase machte sich die Gruppe daran musikalisch auszuprobieren was möglich ist. Eine konkrete Vorstellung zu Musikrichtung, Inhalt usw. gab es zu diesem Zeitpunkt nicht. Die Gruppe entschied sich dazu, erst einmal zu improvisieren. Zur Verfügung standen uns alle Musikinstrumente der Hochschule.

6.2.1 Die Recordingphase

Ich persönlich hatte bereits Erfahrungen mit der Produktion von elektronischen Musikstücken und war mit einfacher Aufnahmetechnik vertraut. Alle aufgenommen Instrumente wurde im Musikraum der Hochschule mittels Laptop, Audiosoftware (Sequenzer), einer Schnittstelle zwischen Tonabnehmer und PC, dem sogenannten Audiointerface und 2 bis 4 Mikrofonen aufgenommen.

Als ersten wurden mehrere Pianospuren aufgenommen. Als Ergebnis aus diesen ersten Aufnahmen entstand ein Akkordabfolge, bestehend aus vier Akkorden. Diese Akkordfolge bildete das Grundgerüst für die weiteren Aufnahmen.

Anschließend spielte Frau C. die einzelnen Schlagzeugspuren ein. Um bei der Aufnahme Überlagerungen der einzelnen Instrumente zu verhindern, wurden die jeweiligen Komponenten wie Bassdrum, HiHat, Becken und Snare getrennt von einander aufgenommen. Dies hatte den Vorteil, später beim arrangieren des Stückes die einzelnen Rhythmusinstrumente unabhängig von einander im Mix zu platzieren und beliebig zu bearbeiten.

Die Gruppe entschied dann gemeinsam, welche einzelnen Parts den Ansprüchen der Gruppen genügten. Probeweise wurde zu diesem Zeitpunkt bereits ein erstes rhythmisches Grundgerüst erstellt, um die weiteren Instrumente darauf anzupassen.

Nach dieser Phase war deutlich geworden, in welche musikalische Richtung sich das bisher improvisierte Stück entwickeln sollte.

In den meisten Fällen, lassen sich Musikstücke bereits an den BPM (Beats per Minute. Klassifizieren. In unserm Fall lagen die Schläge bei 124 pro Minute. Somit konnte wir das Musikstück als eher „Houselastig" einordnen.

Im weiteren Verlauf der Session experimentierten die Gruppenmitglieder mit verschiednen Instrumenten aber auch mit Alltagsgegenständen die sie dazu nutzen um Geräusche herzustellen. Die perkussive Anteil im Song „Nachteulen" wurde beispielsweise mit Alltagsgegenständen eingespielt. So wurde der „Shakersound" mit einem Zuckertütchen erstellt. Einzelne Sequenzen des Songs wurden von allen Mitgliedern der Gruppe gemeinsam erzeugt. Das Klatschen (Claps), die im fertigen Song die Snaredrum ersetzten, wurden von allen sechs Mitgliedern der Gruppe gleichzeitig performt und aufgenommen. Auch die Klangröhren, die im fertigen Song begleitend zur Pianospur zu hören sind, wurden von allen Mitgliedern gleichzeitig eingespielt. Gemeinsam mit dem Piano und dem Sound der Klangstäbe entstand eine erste Version einer Melodie. Um diese zu unterstreichen, spielte Frau C. die Akkorde auf einem Xylophon nach. Im Grunde basierte der Song auf den bisher genannten Instrumenten. Lediglich der Gitarrenpart, welcher in der Endversion erst am Ende des fertigen Songs zu hören ist, wurde einige Tage nach der ersten Recordingsession von mir Frau C. und mir aufgenommen.

6.2.2 Das Arrangement

Erfahrungsgemäß ist der Vorgang des Schneidens, der Effektbearbeitung und des Arrangierens für andere Personen weniger aufregend. Da ich dafür Zeit und Ruhe benötigte, vereinbarte ich mit den anderen Mitglieder der Gruppe, dass ich diesen Schritt im Produktionszeitraum alleine gestalten werde. Die anderen Mitglieder waren mit diesem Vorschlag einverstanden und wir einigten uns darauf, dass ich ich einige „Rohmixe" erstellen werde und alle darüber entscheiden können, welche Teile es schließlich auf das fertige Musikstück schaffen sollen.

Die Gruppe hatte bereits vor den ersten Aufnahmen den Anspruch an sich, an den Song und an das Video, dass es nach unseren Möglichkeiten bestmöglich produziert sein soll.

Im Sequenzer lag nun zu jedem einzelnen Instrument eine jeweilige Tonspur zur Verfügung, die ich unabhängig von einander bearbeiten konnte. Im ersten Schritt begann ich damit die Lautstärke der Instrumente anzupassen. Danach erstellte ich einen Loop, welcher im Grunde den kompletten Song über gleich blieb. Später im Arrangement war es mir dann möglich einzelne Passagen wieder heraus zu nehmen um eine gewisse Dynamik zu erzeugen. Zum Glück erwiesen sich die einzelnen Aufnahmen fast ausnahmslos als gut, so dass ein weiteres Arbeiten erleichtert wurde. Die Sounds klingen im fertigen Mix noch fast genauso wie bei der Aufnahme. Einzige Ausnahme in unserem Fall bilden die Handclaps. Wie bereits beschrieben, sollten diese später die Snaredrum komplett ersetzen. Um einen satteren und volleren Sound zu erhalten, legte ich mehrere unterschiedliche Aufnahmen des Klatschens übereinander. Anschließend passte ich die Lautstärke der einzelnen Spuren an und legte das Panorama fest. Hierbei geht es darum das Stereoklangbild eines Klangs auf den Rechten und Linken Stereokanal zu verteilen. Sinn und zweck dieses Vorgangs ist es, einen ausgewogeneren Klang zu erhalten, der dem Hörer als weiter und tiefer erscheint.

Anschließend begann ich damit, die aufgenommen Sequenzen mit Effekten zu versehen. Hierbei ging es mir primär nicht darum, die vorhandenen Sounds zu verfremden. Jedes einzelne Instrument sollte seinen „Platz" im Mix erhalten. So wurde jedes Instrument mit einem Equalizer[4] bearbeitet. In unserem Fall habe ich die Frequenzen der einzelnen Instrumente etwas angehoben, damit sie im fertigen mix prägnanter klingen sollten. An dieser Stelle ein Beispiel um den Vorgang zu verdeutlichen.

Des weiteren machte es Sinn, vereinzelt die Instrumente mit einem Hall (Reverb)[5] zu versehen. In unsrem Fall machte es Sinn, diesen Vorgang bei fast allen perkussiven Sounds durchzuführen um eine räumliche Tiefe zu erhalten. Piano und Bassdrum sowie Gitarre wurde nicht mit einem nachträglich Hall versehen.

Nach diesem Vorgang und den erstellten Rohmixen, entschieden alle gemeinsam darüber, welche Struktur der finale Song haben sollte.

---

4 Ein **Equalizer** oder **EQ** (auch: Equaliser, englisch: *to equalize*, *to equalise*: angleichen, *equal*: gleich) ist ein Filter als elektronische Komponente zur Tongestaltung und zur Entzerrung von Tonfrequenzen, überwiegend Musik, oder von anderen frequenzbasierten Signalen wie modulierten Datensignalen. Im Deutschen sind mit diesem Begriff meistens die im Folgenden beschriebenen Geräte gemeint. Für andere Bedeutungen des englischen Begriffes siehe Entzerrung.

5 Bei der Erzeugung eines künstlichen Raumeffekts wird ein Signal so verändert, dass der Zuhörer meint, das Signal sei in einer bestimmten Räumlichkeit (*ambience*) entstanden und nicht im trockenen Tonstudio. Liegen mehrere Signale vor, so wird nur selten jedes einzelne mit dem genau gleichen Hall- Effekt bearbeitet, da sich sonst nicht der Eindruck räumlicher Tiefe vor dem Zuhörer einstellen würde. Eine Tiefenstaffelung erreicht man vor allem durch verschiedene Nachhallzeiten, -intensitäten und -charakteristika, durch die einzelne Signale innerhalb des Klangbildes weiter vorne oder hinten erscheinen.

7 Nachteulen - Der Dreh

Wir als Projektgruppe „Nacheulen" hatte bereits in einer sehr frühen Phase der Entwicklung klare Vorstellungen darüber wie das Musikvideo ausschauen sollte. Genauso früh entstanden erste „Skizzen" zu möglichen Szenen und sehr schnell wurden Vorschläge für mögliche Drehorte genannt. Von diesen ersten Vorschlägen ist die Gruppe auch in der weiteren Planung kaum abgewichen.

Das Video sollte einen narrativen Charakter haben. Geplant war eine „einfache Geschichte". Das Gefühl des Musikstückes sollte im Video transportiert werden. Leicht, ungebunden und frei sollte es sein. Eine Gruppe von Freunden sollte dabei gefilmt werden, wie sie zusammen Spaß haben und einen Tag und eine Nacht erleben.

Ein Storyboard wurde erstellt, Drehorte wurden bestimmt und erste mögliche Handlungen vor der Kamera wurden besprochen.

Geplante Drehorte:

1. Wald: Die Gruppe läuft einen Waldweg entlang. Einsatz von Nebelmaschine und „Farbbomben".

2. Altes Fabrikgelände: Die Gruppe bewegt sich durch Gänge, Treppenhäuser etc.. Graffiti sprühen und Tanzen.

3. See: Die Gruppe feiert zusammen in die Nacht. Das Video endet mit dem Sonnenaufgang.

Als letzte Vorbereitung für den Dreh, wurden die finanziellen Möglichkeiten abgeklärt und Requisiten organisiert.

8 Reflexion/Fazit

Im folgenden werde ich meine Erlebnisse und Eindrücke während des Drehs und während der Arbeit mit dem Videomaterial schildern und reflektieren. Dabei werde ich immer wieder Bezug zur Projektmethode nehmen und die bereits genannten ästhetischen und technischen Mittel ansprechen.

8.1 Reflexion des Drehs

Noch vor dem ersten Dreh entstanden erste Schwierigkeiten mit der Umsetzung der geplanten Aktivitäten. So war es uns nicht einfach möglich, aufgrund von Brandschutzbestimmungen wie geplant im Wald Rauchbomben zu zünden. Diesbezüglich benötigten wir die Zustimmung des verantwortlichen Försters und die Polizei bzw. die Feuerwehr musste über die geplante Aktion informiert werden und ihre Zustimmung erteilen.

Der erste Dreh fand in einem Waldstück oberhalb eines Friedhofs statt. Erste Aufnahmen entstanden mit verschiedenen Kameras. Zum einen nutzten wir eine professionelle Videokamera der Hochschule, zum anderen eine semiprofessionelle digitale Spiegelreflexfotokamera mit HD Videofunktion. Nachdem der Dreh unkompliziert verlief und wir das erste Material sichteten wurde deutlich, dass die Aufnahmen der zwei verschiedenen Kameras nicht so miteinander harmonierten, wie wir es uns vorgestellt haben. Deshalb beschloss die Gruppe alle weiteren Aufnahmen nur mit der DSRL Kamera zu machen. Natürlich hätten wir nach einer gewissen Einarbeitungszeit auch mit der professionellen Kamera ähnliche Ergebnisse erzielen können. Da sich jedoch einige Mitglieder der Gruppe bereits mit DSLR Kameras aus dem Fotobereich auskannten, erleichterte es die Arbeit und die Ergebnisse entsprachen eher unseren Vorstellungen von einem „Look" des Videos.

Vergleich der Aufnahmen mit der professionellen Videokamera (oben) mit der DSLR Kamera (unten).

Abbildung 23: 1. Drehtag – Wald (Professionelle Videokamera

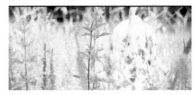

Abbildung 24: 1. Drehtag – Wald (DSLR Kamera)

Da wir fast ausschließlich in den Semesterferien drehen wollte, ergab sich ein weiteres Problem, welches schließlich zu einem völlig anderen Ergebnis führen sollte, als ursprünglich geplant. Aufgrund von terminlichen Verpflichtungen, Urlaub etc., war es leider nicht mehr möglich, dass alle Gruppenmitglieder an den folgenden Drehtagen vor Ort waren. Nach Absprache mit den anderen Gruppenmitgliedern, beschloss ein Teil der Projektgruppe „spontan" zu drehen. So ergaben sich ungeplante Szenen und Einstellungen, die sich allerdings gut in das Gesamtbild des Videos einfügten.

Der 3. Drehtag (Fabrikgelände) verlief genau nach unseren Vorstellungen und alle geplanten Aktivitäten und Einstellungen konnten umgesetzt werden.

Zu diesem Zeitpunkt begannen wir damit, erste Sequenzen zu schneiden um uns in die Materie einzuarbeiten. Nicht alle Gruppenmitglieder waren am Schneideprozess und an der Montage beteiligt. Zum einen wollten nicht alle Mitglieder der Gruppe diese Arbeit übernehmen, zum anderen stellte sich während dieses Prozesses heraus, dass es schwierig ist wenn mehrere Personen an eine und demselben Projekt arbeiten. Deshalb entschlossen wir uns die Aufgaben zu teilen. Ein Teil der Gruppe beschäftigte sich mit dem Schnitt, der andere Teil kümmerte sich bereits um Requisiten für die bevorstehende Veranstaltung.

Wie zuvor beschrieben, war es nicht mehr möglich alle Mitglieder der Gruppe gemeinsam zu den Drehtagen zu versammeln. Weshalb wir den 3. Drehtag im Fabrikgelände einige Zeit später in anderen Konstellation wiederholten um noch mehr

Einstellungen und Material zu sammeln. Durch diese zeitliche Verschiebung änderte sich leider auch die von uns gewünschte Ästhetik des Videos, da nun keine „sommerlichen" Aufnahmen mehr möglich waren. Im Video ist dies gut zu erkennen und darunter litt auch der narrative Ablauf des Clips.

Abbildung 25: 2. Drehtag - Schrottplatz

Abbildung 26: 4. Drehtag - Fabrik

Das zeitliche Problem und die damit verbundene Witterung machte nun auch den geplanten Dreh am See unmöglich. Weshalb ein weiterer Drehtag im alten Fabrikgelände durchgeführt wurde. Wie bereits beschrieben, war nun der eigentlich narrative Ablauf nicht mehr gegeben, weshalb wir später im Schnitt die ersten Aufnahmen aus dem Wald am Ende des Videos einfügten. So versuchten wir den Anschein zu erwecken, die Gruppe hätte nach dem Tag/der Nacht in der Fabrik verbracht und würde am Morgen das Gelände durch den Wald wieder verlassen.

8.2 Reflexion Schnitt/Montage

Die Synästhesie des Videos war uns von Beginn an ein großes Anliegen. Musik und Szenen sollte aufeinander abgestimmt sein. Deshalb orientierten wir uns bei Schnitt primär an der Rhythmik des Musikstückes. Auf fast jeden Takt folgt ein Bild- bzw. Szenenwechsel. Diese Arbeit nahm sehr viel Zeit in Anspruch, da jede Szene/Einstellung mehrfach geschnitten werden musste um sie dem Beat anzupassen.

Bei dieser Vorgehensweise orientierten wir uns an bekannten Musikvideos. Unter anderem betrachteten wir einige Videos des Musikvideoproduzenten Hype Williams und beschlossen, verschiedene Elemente aus seinen Videos nach zu ahmen. So entstand u.a. der „Cinemalook". Die schwarzen Balken ober- und unterhalb des eigentlichen Videos. Außerdem experimentierten wir mit schnellen Bildabfolgen, die auf die Musik und die Rhythmik abgestimmt waren.

Abbildung 27: 3. Drehtag - Tanz

Des Weiteren versuchten wir diverse Passagen im Musikstück visuell noch stärker zu untermalen. Dies taten wir indem wir punktuell den o.g. „Jitter-Effekt" bzw. den „Bounce-Loop" anwendeten. Zu sehen ist dieser Effekt in folgenden Einstellungen:

Abbildung 28: 3. Drehtag - Fabrik ("Jitter-Effekt").

Abbildung 29: 2. Drehtag - Schrottplatz ("Jitter-Effekt").

Ein weiterer Versuch eine bekannte Technik nachzustellen waren die Kamerafahrten. Am 3. Drehtag versuchten wir eine 360 Grad Kamerafahrt aufzunhemen. Aufgrund unserer logistischen Möglichkeiten konnten wir keine technischen Hilfsmittel wie einen Dolly einsetzen. Deshalb wurden dies Szenen per Handkamera aufgezeichnet. Das Resultat sollte eine 360 Grad Drehung um sein, bei der sich durch einen schnellen Schnitt, die Akteure vor der Kamera verändern bzw.- austauschen, der Hintergrund jedoch gleich bleiben sollte.

Abbildung 30: 3. Drehtag - Fabrikgelände (360 Grad Kamerafahrt).

Im Schnitt stellte sich dann heraus, dass sich die Größenunterschiede der einzelnen Personen auf das Gesamtbild auswirken. Deshalb haben wir im Schnitt und in der Montage viel Zeit aufgewendet, um ein bestmögliches Ergebnis zu erzielen.

9 Resümee

Ein Projekt dieser Art erfordert doch einen größeren Zeit- und Arbeitsaufwand als ich zu Beginn des Semesters gedacht habe. Viele Faktoren spielen eine Rolle um Vorstellungen und Ideen auch nur annähernd umzusetzen. Zeit, Wissen, Material und die gemeinsame Zusammenarbeit. Während der Arbeitsphase ergaben sich oft Momente der Resignation. Zeitlicher Druck in Hinsicht auf die Präsentation gekoppelt mit anderen Verpflichtungen machten einen reibungslosen Arbeitsablauf nicht immer möglich. Ein gutes Zeitmanagement kann da wahre Wunder wirken. Aber leichter gesagt als getan. Nun kann ich mich persönlich glücklich schätzen ein motiviertes und kompetentes Team um mich herum gehabt zu haben. Die gegenseitige Hilfsbereitschaft war Beispielhaft. Alle haben dazu beigetragen ein Ergebnis zu erhalten, mit dem alle Gruppenmitglieder zufrieden sind. Nichtsdestotrotz kam es während der Arbeitsphase natürlich auch zu Konfrontationen. Problembehaftet waren Momente in denen sich einzelne Gruppenmitglieder nicht oder kaum in die Arbeit mit einbrachten und anschließend etwas an dem Ergebnis auszusetzen hatten. Bei einem solchen Projekt, mit dem man sich über einen langen Zeitraum hinweg beschäftigt ist es unabdinglich, dass alle Gruppenmitglieder gleichwertig daran arbeiten und sich einbringen. Ist dies bei einzelnen Mitgliedern nicht der Fall, leidet das Projekt.

Da ich nun in meinem Praxissemester mit Kindern- und Jugendlichen Foto- und Videoprojekte realisieren werden, freue ich mich darüber aus einem umfangreichen Erfahrungsschatz schöpfen zu können und mein Know-How in der Praxis anzuwenden.

Bis zu Präsentation der Projekte war es eine sehr intensive Arbeitszeit die Höhen und Tiefen mit sich brachte und mir persönlich noch einmal eine neue Rolle zuschrieb. Es war anstrengend und schön zur gleichen Zeit. Viele Dinge hätten anders laufen können. Dies sind aber Erfahrungswerte, die für die praktische Arbeit als zukünftiger Kulturpädagoge sehr viel Wert sind.

Literaturverzeichnis

Barret, D. (2012). Gangnam Style holds Guinnes World Record for most liked Video in YouTube history. http://www.guinnessworldrecords.com/news/2012/9/gangnam-style-now-most-liked-video-in-youtube-history-44977/. (02.04.2016).

Birchmeier, J. (ohne Datum). Hype Williams. Artist Biography. http://www.allmusic.com/artist/hype-williams-mn0001380160/biography. (02.04.2016).

Frey, K. (2012). Die Projektmethode. Der Weg zum bildenden Tun. 12. Aufl., Weinheim und Basel.

Gottfried, G. (2014). Kollegah: „King"-Platin nach vier Wochen. http://www.musikmarkt.de/Aktuell/News/Kollegah-King-Platin-nach-vier-Wochen-mit-Videos. (02.04.2016).

Guttmann, W. (2013). Audiovisuelle Ästhetik von Musikclips auf sozialen Netzwerkseiten. Wien.

Joseph (2013). The 40 Most Expensive Videos Ever Made. http://www.refinedguy.com/2013/04/12/the-40-most-expensive-music-videos-ever-made/#10. (02.04.2016).

Keazor, H, Wübbena, T. (2007). Video Thrills The Radio Star. Musikvideos: Geschichte, Themen, Analysen. 2. Aufl., Bielefeld.

Maulko, R. (2015). Technik, Geschichte und Ästhetik des digitalen Fernsehbildes (speziel am Beispiel des Musikvideo). Hamburg.

Moritz, A. (2009). Musikvideos: Bild und Ton im audiovisuellen Rhythmus. Überblick und Analyse der visuellen Umsetzung von Musik. Wien.

Sandmann, T. (2008). Musikvideo-Produktion. Ohne Budget zum professionellen Video. Bergkirchen.

Wandiger, P. (2014): YouTube Einnahmen Beispiele und wie viele Videoaufrufe nötig sind. http://www.selbstaendig-im-netz.de/2014/07/07/geschaeftsmodelle/youtube-einnahmen-beispiele-und-wie-viele-videoaufrufe-noetig-sind/. (02.04.2016).

Westreicher, N. (2013). Das Phantastische im Musikvideo. Wien.

35

Abbildungsverzeichnis

Videoverzeichnis

Queen -"Bohemian Rhapsody" (1975). https://www.youtube.com/results?search_query=bohemian+rhapsody. (02.04.2016).

Razorlight - "Wire To Wire" (2008). https://www.youtube.com/watch?v=MwRNvpGydzw. (02.04.2016).

The Cranberries - "Zombie" (1994). https://www.tape.tv/the-cranberries/videos/zombie?hl=de. (02.04.2016).

Soundgarden - "Black Hole Sun" (1994). https://www.youtube.com/watch?v=3mbBbFH9fAg. (02.04.2016).

The Offspring - "Self Esteem" (1994). http://www.myvideo.de/musik/the-offspring/self-esteem-video-m-5631372. (02.04.2016).

"Get Down" - Backstreet Boys (1996). http://www.myvideo.de/musik/backstreet-boys/get-down-youre-the-one-for-me-video-m-2424404. (02.04.2016).

"Up & Down" - Vengaboys (1999). https://www.youtube.com/watch?v=Xdg3Ea9rEGo. (02.04.2016).

Mr. President - "Coco Jamboo" (1996). https://www.youtube.com/watch?v=m_-Qtz70_z4. (02.04.2016).

Janet Jackson ft. Busta Rhymes - "What`s It Gonna Be" (1998). https://www.youtube.com/watch?v=TcozjXK-850. (02.04.2016).

Madonna - "Frozen" (1998). https://www.youtube.com/watch?v=zETVr04XUE4. (02.04.2016).

Daft Punk - "One More Time" (2000). https://www.youtube.com/watch?v=FGBhQbmPwH8. (02.04.2016).

Daft Punk - "High Life" (2001). https://www.youtube.com/watch?v=HoQN7K6HdRw. (02.04.2016).

Daft Punk ft. Pharrell Williams - "Get Lucky" (2013). https://www.youtube.com/watch?v=3zOaufzMr48. (02.04.2016).

Gorillaz - "Fell Good INC. (2005). https://www.youtube.com/watch?v=H8Qp38qT-xI. (02.04.2016).

Gorillaz - "Clint Eastwood" (2001). https://www.youtube.com/watch?v=UclCCFNG9q4. (02.04.2016).

Busta Rhymes - "Dangerous" (1997). https://www.youtube.com/watch?v=UJUk45l4h8c. (02.04.2016).

LL Cool J - "Freeze" (2006). https://www.youtube.com/watch?v=_9pQd0xchc0. (02.04.2016).

Kanye West ft. Jamie Foxx - "Gold Digger" (2005). https://www.youtube.com/watch?v=6vwNcNOTVzY. (02.04.2016).

CPSIA information can be obtained
at www.ICGtesting.com
Printed in the USA
BVHW081422140920
588775BV00002B/603